강

강

발행일	2025년 6월 13일		
지은이	조현진		
펴낸이	손형국		
펴낸곳	(주)북랩		
편집인	선일영	편집	김현아, 배진용, 김다빈, 김부경
디자인	이현수, 김민하, 임진형, 안유경, 최성경	제작	박기성, 구성우, 이창영, 배상진
마케팅	김회란, 박진관		
출판등록	2004. 12. 1(제2012-000051호)		
주소	서울특별시 금천구 가산디지털 1로 168, 우림라이온스밸리 B동 B111호, B113~115호		
홈페이지	www.book.co.kr		
전화번호	(02)2026-5777	팩스	(02)3159-9637
ISBN	979-11-7224-688-4 03810 (종이책)		979-11-7224-689-1 05810 (전자책)

잘못된 책은 구입한 곳에서 교환해드립니다.
이 책은 저작권법에 따라 보호받는 저작물이므로 무단 전재와 복제를 금합니다.
이 책은 (주)북랩이 보유한 리코 장비로 인쇄되었습니다.

(주)북랩 성공출판의 파트너
북랩 홈페이지와 패밀리 사이트에서 다양한 출판 솔루션을 만나 보세요!

홈페이지 book.co.kr • **블로그** blog.naver.com/essaybook • **출판문의** text@book.co.kr

작가 연락처 문의 ▶ ask.book.co.kr
작가 연락처는 개인정보이므로 북랩에서 알려드릴 수 없습니다.

조현진 시집

강

목차

강	010
하늘	012
산책	014
소용돌이	016
신기루	018
사랑	021
호수	022
갈대	024
현실	026
해돋이	028
현실의 사랑	030
세상에서 가장 슬픈 그림	033
허상	036
제우스야	040
꿈	042
동백	044
동백섬	047
용서와 이해	050
당신에게서	055
목련	060

신명	063
매화	066
변화무쌍	068
사랑의 이유	072
진리	074
10월의 시	076
세상 밖으로	079
감사	080
행복	081
현실	084
무제	085
의문	090
퍼즐의 완성	092
Game over?	098
적폐청산	100
인생의 의미	102
또 다른 천국	104
불꽃놀이	108
제일답	109
천국과 지옥	110
나쁜	112
창소	114
미래	116
내가 잊지 말아야 할 것들	120
도	124
아무것도 아닌 시	126
가장 신라적인 시	127

좋고 좋구나	128
개념파괴	130
어렴풋이 기억되는	136
미래에 간 부처	142
깨달음	148
전쟁	150
동전의 양면	153
희망	154
구제	156
꿈	158
교단에서 1	160
교단에서 2	163
공삼매	166
시를 잊은 그대에게	167
올인	168
깨달음 3	170
깨달음 2	171
이치	172
깨달음 1	173
권력	174
행복	176
우주의 신비	177
완전한 깨달음	178
화두	179
목표	180
인식	181
내 소원	182

over 초월	184
사랑과 진리	186
소원	190
인연	192
권력과의 전쟁	194
루시퍼와의 대화	196
부처님 오신 날	197
가족 2	198
학교	202
미풍	208
자본주의	210
가족	214
근원	218
쾌락	220
Creative or die	224

강

강물 한줄기엔
사랑을
흘려보내고

굽이굽이
산허리 돌 적엔
미련 떨치고

나룻배에 앉아
피운 담배 연기
허공에
미움마저
아련히
사라져 갈 때

그대는 아는가
차마 기약 못 한

아쉬움으로
애달픈
이내 마음

흐르는 물살엔
붉은 낙조가
피눈물처럼
아롱지고

가는 배
하염없이
바라보며

그대가
첫 모롱이 돌 적엔
밝은 햇살이

드디어
눈부시게 환한 빛이
그대 안을 날
기원하노라

하늘

당신이 하신 말 중에 부디 하늘에서 만나자라는 말이 가장 감사합니다.
불탑 위에 비단천 파노라마처럼 흘러가던 하늘을 처음 본 이후 오늘에서야 다시 보게 되었습니다.
그동안 시간 때문에 하늘 보는 것 잊었고
일하느라 세상살이 걱정하느라 하늘을 볼 수 없었네요.
여유가 생겨 땅 위에 핀 꽃, 눈여겨 봐도
하늘 볼 줄은 몰랐습니다.
하늘이 눈앞에 너무도 신비롭게 펼쳐질 때
내가 가는 길에 전선이 없기를
차도가 없기를
길조차 없기를 바랐습니다.
하늘을 보며
절대 자유를 꿈꾸었습니다.
그때 새벽 기운으로
창공을 가르는 흰 두루미보며
절대 평화 해탈도 다시 희망하게 되었습니다.

아무 것도 중요한 것 없고
이 생각조차 없어야 한다고
8255
저를 재촉하고
9996
다 왔다고
용기를 주더군요.
조화롭게
분홍 하늘 회색빛이
층을 달리하며 겹치며
미끄러져 흘러갈 때
텅 빈 마음이 되어
온 세상이 하늘로
바뀌었습니다.

산책

한없이 끝없이
길을 걷는다.
그대를 생각하는
마음이
멈추지 않아서
잠깐 멈추어 서
있을 때도
그대 생각한다.
아니
생각이 멈추는
사이에도
그대를
본다.
따뜻한 봄날을
그리워하며
걷는 길마다

아른거리는

겨울장미

뜨거웠던 여름날의

사랑을 되새긴다

소용돌이

아직 어린 나
가족 친지 홀로 떨어져
사랑만 하고 싶어
모두를 화나게 한
나의 바람

밤 새 내리던 빗물
하늘 같던 예쁜 산책길
모두 물에 잠기고

물살을 거슬러 오르는
여기저기 파도처럼
넘실거리는
수많은 흰색 소용돌이

드센 폭포수같이
화난 당신의 마음

냇가 주변
무참히 쓰러진
예쁜 꽃풀들

하늘 구름
마음대로 부리는
사랑 주인

폭풍우로
놀래 키우고
세찬 물살로
깡그리 없애버리네.

수 없는 소용돌이 물살
정지한 채
꽃 풀 위에 서서
버티는 한 마리 두루미

멀리 보이는 큰 강
소용돌이 포용하며
유유히 흐르네.

신기루

신기루 같은 신들의 사랑 장난에
나만 홀로 어리석어
우연한 만남의 이유를 알지 못하고
괴롭게 고민만 하네
cold water 파도 끝자락에
분홍빛 오리가 떠 있고
푸른 carnival, 흰 carnival, 회색 carnival, 작은 carnival, 큰 carnival
모두 환영처럼 따라다닐 때
홀로 상상하고 행복해하다
색색의 carnival
애태우며 찾게 되네.
녹음 푸른 숲 속 절터
빈 나무 둥지가
하도 그윽하여
섬세한 그대를
흠모하게 되고

옷 단추 처음부터 단정히 끼우던

올곧은 행동에

혼자만의 사랑

차마 무섭고 두려워

그대에게 드리지 못하고

사랑의 열병이

지나가기만을 기다리네

나아지겠지.

담담해야지.

하루 없던 그날의

홀로 남겨진 공포감

전율로 다가와

사랑 기호 하나 보내고

마음을 추스르네.

왜 난 노란 장미였나요?

꽃말처럼 만나자마자 헤어질 생각이었나요?

반년이란 시간 동안 그토록 나를 위해 애써주던 모습

지금 생각해도

감사히 눈물 흘릴 수 있답니다.

사랑이었나요?

가르침이었나요?

아니면 나의 무능함에 대한 경고였나요?
난 사랑이라고 믿을 테요.
그래야 내가 덜 창피하니까
머리를 묶어서 예쁘다.
머리를 예쁘게 잘라라.
남들이 수군거릴 때
난 그대가 내편에서 힘들게 버텼다고
생각하고 싶어요.
제발 권력의 계획이 아니기를
저는 정말 이대로 괴로워하며
부수어져야 하나요?
인과응보인가요?
그대 내가 떠난 뒤 산산이 조각난
마음을 가졌던가요?
이제는 제 차례인가요?
지금 비가 내려요.
전 아무 데도 갈 수가 없죠.
내가 떠나서 다시 돌아오지 못하면 그대를 영원히
볼 수 없으니까요…

사랑

100번의 양보와
100번의 용서
하늘을 받치고
마음을 가두고
무형으로 가다.

호수

내가 본 호수는
심연의 깊이에
물이 가득
찼어요
경이로운 경치에
시로
당신께
선물하고
싶었지만
다른 여인을
편애한 당신
내겐 무참히
베어낸
앙상한 나뭇가지가
모든 상상력을
앗아 갔어요.
이제 시를 쓰고

가야금을 칠 수
있을까요?
내게
내가
옳다고 생각한 일을
선택할 수 있는
자유를 주세요
당신은
일의 노예를
사랑하고 있는 것은
아닌가요?
당신의 사랑을
얻기 위해서
모두
일의 노예 되기를
자처하네요.
난 그 꿈에서 깼어요.
이젠
내가 남들과 달라도
내가 옳다고 생각하는
일을 할 거예요.

갈대

은자의 지혜
오늘 받은 사랑의 고통을
자연은 아는지
마른 갈대 잎의
장관으로
지혜로워라
지혜로워라
메아리쳐요.

난 당신이
있는 곳이면
어디든지 갈 거예요.

지혜로 사랑을
잊느니
고통받으며
사랑을 기억할래요.

기다릴래요

아무도 없는
은빛 갈대숲 사이로
당신을 그리며
걷고 있어요.

은빛 금빛 갈대숲
바람아 불어라
바람아 불어라
갈대야 소리 내어
우는 내 마음
내 님께 전해다오.

마른 갈댓잎처럼
내 마음도 부스스하다.
꼼작 없이 앉아있는
내 모습처럼

현실

사랑을 잊은 사람들
일에만 매진하는 사람들
하루종일 컴퓨터만
들여다보는 사람들

공한 세상
모든 것이 거짓이라면
우리가 꼭 해야 할 일은
무엇일까?

애를 쓰며
이루어내려고 결과물을
만든다는 것
문화는
아름다워야 되는데
아직도 전쟁 중

왕과 수행자
하늘 위의 신들
땅위의 사람들
권력의 힘을 가지기 위해
수많은 일들을
만들어내고
수많은 사람이
일에 복종하기를
강요한다.

천국의 소리
천국의 땅
절대적 자유 위에
피어낸
완전한 아름다움
추한 현실도
깨닫고 보면
완벽히 아름다운 세상

선으로 향하자

해돋이

새해 첫날 새벽
갈대가 사그라든
훤한 들판
넘실대는 강물
붉수레 한 하늘

올해는
별의 여인이
되어
당신을
기쁘게 해줄게요
2017년은 꽃
당신의
꽃

쏟아지는
폭포수 소리

요동치는
사랑의 환희
번져가는
분홍빛 하늘

저편에서
붉디붉은
해가
타오르며
떠오른다

현실의 사랑

사랑과
공과 무

공으로 타파하고
사랑과 자비로

의미 없는
우선순위

사랑의 대가는
현실의 가족
현실의 짐을
두려워 말아요

사랑은 그 속에서
기쁨을 찾으니까요

도를 깨친 자
독룡 악룡
타인의 짐을
타고
현실을 향유할 때

대승의 천사들
짐을 대신하고자
죽음을 불사하네

신이시여
감사합니다.

저의 희망은
환희로 넘쳐나는
지상의 천국

오직 하나뿐인
사랑하는 이여
온전한 결합은
사랑의 완성
이젠 두려워하지
않아요

대승의 천사
하나 되어 함께
태양처럼
타올라
완전한 무공으로
돌아가게 해 주세요

세상에서 가장 슬픈 그림

창문 너머 비친 얼굴에
빗물처럼 얼룩진 눈물은
세상에서 제일 슬픈
그림 때문이랍니다.
슬픈 그림을 지우기 위해
세 번의 자장가를
들려주었답니다.
아기 곰이 혼자
한일자의 눈썹을 하고
입술을 꼭 다문채
장난감 수레를 끌고
앞으로 나아갑니다.
초승달은 희미한 빛
얼음 같은 차디찬 배경
푸른 빙산을 어루만지듯
저 뒤편엔
아빠곰도 없이

엄마곰 같은 커다란 산
희미한 그림자가
아기곰을 미소 지으며
바라보고 있어요?
아기곰은 저 뒤편의 존재를
아는 것일까요? 모를까요?
힘겨운 발걸음이지만
어깨는 앞을 향하고 있어요
엄마와 닮은 나를 향해
술 취한 채 중얼대는
얼굴을 보며
또 한 번의 미소가 번집니다.
다독거리며 자장가를
들려준답니다.
자고 있는
귀여운 아기를
흔들어 깨워요
잠에서 방금 깬
옹알거리는 목소리
희미한 아기 음성
잠들면 안 돼

얼른 일어나야지
앞으로 나아가야지

허상

허상
못하는 것은
못하는 것이
아니다.

못하는 것은
필요 없는
것이다.

못하는 일
못했던 일
기억 저편으로
사라지고

시키는 자도
없고
하는 자도

없다.

사라지는 일들
기계의 암호화
코드화 점수화
하지 않는 자
하고 있는 자
모두 없다.

하던 나도
했던 나도
없다.

운무에 휩싸인
신도시
진실 어중 선밀어

깨달음의 부름
청소
저절로
아무것도 하지 않고
자정작용

바쁘게 오가는 나가
어리석을 뿐이다.

외부의 지식보다
내면의 깨달음이
운치 있고
깊이 있고
진실되다

교육은 그리되어야
할 것이다.

제우스야

신도 인간도
동등하다.
깨달은 인간은
신적인 존재니까
혼자 스스로
고요히 죽음에
드는 것과
행복한 삶이
다름없다.
죽는 것도 아니고
사는 것도 아니다.

헛것 같은
애욕의 사랑은
신이 그러했듯이
인간에게도
가혹하구나

제우스야

네가 자유로웠듯이

인간도 자유롭기를

꿈

자고 나면
내가 네가 되고
네가 나가 되고

그미가 그녀가 되고
그녀가 그놈이 되고

여기가 저기가 되고
저기가 거기가 되고

있던 것이
없어지고
없던 것이 생겨나고

눈 한 번 돌리니
꽃이 피고 잎이 나고

오직 환희에 넘쳐라

무로써 관하고

나쁜 일은 잊고

환희에 넘쳐라

동백

이름이 무엇이라
동백이라 했다.

춘희의 동백은
몰라도
이미자의
동백아가씨는
안다고 했다.

봄의 아가씨처럼
사랑으로
인생을 풍미하는
동백꽃의 열정

때아닌 날에
붉은 입술
붉은 치마

붉은 볼
붉은 연정이
사무치게
피어난다.

오직 붉기에
눈에 띄고
눈이 가고
보고 싶다.

요염한 사랑
관계 후
나란히 누워
서로를 쓰다듬은
육체의 불꽃

그런 사랑을
닮고 싶다.
남녀 사랑에
이것밖에
없어요.

내 말을
이해한 듯
나를 다시 품고
동백꽃을
피워내며
농염한 사랑을
다시 한번
갈구한다.

오직 그때만이
살아있는 게다.

동백섬

선산엔 백학이 날고
섬의 저편 운무 위로
흰 갈매기
떼 지어 노니네
자연은 가난한 이의
위안이거늘
문명의 부는
달의 쉴 곳과
여유와 낭만을
앗아갔구나
바위틈에 걸터앉아
파도소리 낭만 삼아
회 한 접시 소라고둥에
소주 마시던
낭객들은
환상의 섬을 뒤로하고
즐비한 도시포차

닮은 길 위에서
가난의 술잔을 기우네
화려한 황제의 별궁이
아니라도
운치를 자랑삼아
자부가 대단했거늘
아파트 재개발 지구
원주민 쫓겨나듯
그들도 옹기종기
새로 잡은 터전에서
세상에 가난 좋은
사람은 없다오
부와 명예를 뒤로한 채
버티는 건
마지막 자존심이라오
동백꽃 만개한 뒤
뚝뚝 부러져
내릴 때
도련님 사랑한
가련한 달의 여인은
고풍스러운 정자 위

붉은 한복 차려입고

가신 님

그리워

울음 울어

목이 메이네

용서와 이해

다른 사람은 다

용서가 되는데

당신만 용서가

안 돼요

내 사랑을 거부한

당신만 용서가 안 돼요

용서하지 말고

이해를 하라는데

사랑이 변해 증오가

됐는지 용서해야겠어요

내 사랑과 학교일의

거부는 전혀

상관없어요

내가 당신을 사랑한다고

내 이상과 꿈까지

포기하길 바라나요?

내 마음이 지금 현실에 있지 않아서

힘들다고 했죠?

천국의 길을

찾고 있다고 했죠?

난 당신이 그 길을 아는 줄

알았어요 물어보고

싶었어요

당신은 자유롭나요?

당신의 말

사랑하지 못하는 이유가

이해가 안 가요

불법을 말하면서

자유롭지 못한 현실을

말하는 당신이 미워요

해탈은 절대적인 자유

아닌가요?

불법이 날 사랑하지

않는 핑계였나요?

당신은 반년 동안 날

무척 사랑했어요

그런 느낌도 없이

무모하게 사랑고백할

내가 아니에요

저스틴 어디 있나요?

내 사랑에 답해주세요

그곳으로 갈게요

사랑에 답하는 곳으로

갈게요

가게 해주세요

당신에게서

당신에게서
오직 하나뿐인
그대에게서
지나간
사랑했던
모든 사람들을
보았어요

지금 난 아무것도
모르면서
아는 척해요
진실을
정말 몰라요

그래서
당신의 두려움을
이해 못 하죠

내 소원은
완벽히 깨달아서
당신의 아픔을
함께하고 싶죠

지금 난 그 무엇보다
당신의 사랑이
목숨처럼 중해요

전 하나밖에
몰라요

첫사랑이었던
남편의
헤어짐의 선언을 듣고
목숨보다 중한
순결을 지키기 위해
자해했어요

그리고 수십 년 동안
목숨보다 중한

순결을 위해서
버텨왔어요

이런 내가
새로운 사랑
당신을 갈구합니다

목숨보다 중한
순결을 거부한 채
성모가 되기를
거부한 채

당신을
갈구해요
어쩌면 이
사랑의 대가로
두 번째 죽음을
택하지는 않을까 두려워요

긴긴날 남들의 종이 되어
아이들을 맡아 가르치며

사랑을 지우고
살아왔는데

지금 난 당신 생각만 해요
못 보게 되면
미칠 것 같아요

같이 행복하고 싶은데
내가 가진 것 다 주고
싶은데

사랑은 아낌없이 주는 것
정답

당신은 첫사랑
남편 같아요

당신은 첫사랑의
헤어짐으로
고통받던 날
치유하기 위해

숨 막히는 키스를
퍼붓던
같은 환자복의
아름다운 청년 같아요

그리고 노래로
사랑을 일깨워주는
상상 속의 스타 같아요

마지막으로
사랑하는 내 아들 같아요

이렇게 당신은
내가 사랑하고 사랑했던
모든 사람이에요

당신 품에 안겨서
내가 하고 싶은
모든 것을 해요
용기 내어 와요

목련

극락왕생이
어렵나?
성불이 어렵나?
신장투석으로
고생하는
엄마

젊은 날의 흰 목련꽃
같았던 엄마

두 아들 데리고
오늘을 열심히
설명하는 아빠
마트에서 똑 닮은
딸 데리고
물건 고르는 엄마

나비야 날아라
나를 잊고
남을 위한
바쁜 손
고운 마음에
사뿐히 앉아라

지저귀는 새소리
앙증맞은 귀여움
사랑아 솟아라

화엄성중
호법신장
대승이라고
엄마생각하라고
엄마생각하라고

하늘아래 활짝 핀
목련꽃 무더기
하늘여행
탐스런 꽃송이

활짝 열고
탄성 하며

아름다워라
아름다워라

신명

타인의 고통을
보는 것이
내 고통

가장 아름다운
일이
미덕으로
승화된 권력

무한으로 충만한
우주근원

일없이
완성되는 진선미

겸손이 미덕이라고
노동을 강요하지

마세요

순간에 바뀌는
현실의 목격자

컴퓨터로
진선미만 하세요

하늘의 권능이든
땅 위의 권력이든

사랑과 자비로
승화되길

내 죄는
사랑과 자유의 날개를
달고 비상하는 의지

선과 악의 기준은
타인의 고통과 사랑

고통을 주는 자 악
자비로운 자 선

모든 인간이 노동에서
해방되어
끝없는 낙의
세계로

매화

사람이 죽어가매
악기를
사고 판 것이
내 허물인가 네 허물인가

권모술수
시기 질투
악한 인연
속세를
초월하세

뜬구름 연기 공
한 자락 가락에
슬픔 잊고

풍월주인
무념무상

허물 벗고
환골 탈피
피안에서
놀아보세

붉은 매화
백결 매화
내 마음
알아주니

두 벗으로
충분하다

변화무쌍

내 있는 곳이
탑이라서
All star와 함께

곽해진 저스틴 비버
김근호 크리스토퍼
최민정 멘더스
정수 가야금의 신
학교 앞 슈퍼주인 김무성

학교의 모든 이
올스타
나만 평범해

내가 왜
이곳에 있는 걸까

과거 부처님 전에
있었던 공덕

크리스마스트리
장식 사던 호기심

나만 동과 서
함께 가진 걸까?
선택해야 해?
동도서기

난 저스틴 곽해진 사랑해
음악의 신
사랑의 시인
가야금의 침향무
모두 되고 싶다

스타 사는 천국에
나만 족쇄로 묶어
날지 못하게 하지 마

그들처럼 훨훨 날 거야

그들이 별처럼
아름다워 함께 있어

사랑의 신이 되어
음률을 창조할 거야
자유롭게

그들이 떠나면
나도 같이
가고 싶어
이제 교과서는 지겨워

그가 날 가지려
애쓸 때
난 왜 몰랐을까

1년 동안 사랑과 자유를
위해
저스틴을 위해 싸웠는데
외톨이로 남겨두네

가지 마
영원히 함께 있어

탑 위엔 오고 감이
없어라

사랑의 이유

홀로 있는 밤
당신께
전화하고 싶어
만나고 싶어
지금 하면 만나줄까
앞으로 사랑
포기한다는 말
거짓말
더 열정적으로
사랑할 거야
오직 저스틴
너만을 위해
스타라서 사랑하는
것이 아니라
날 진심으로
사랑하기 때문에
내 마음

바치고 싶어

엄마가
내가 붉은색이라
하자
틀렸다했다

눈에 보이는 색이
생각하는 것과
다르구나

성부 성모 성자
사랑의 가족

인과연의 결합일 뿐

저스틴은 내가
가족의 구성원이
되기를 바라요

난 다시 사랑할 거야

진리

깨달음의 시들이
어디 갔나요?
읽고 읽어
되새겨야 되는데
미혹에
빠지지
말아야 되는데
그 시들을
돌려받고 싶소
내 마음속에
온전히
갈무리되었소
마음이
힘들어질 때면
꺼내어
즐거움으로

기쁨으로

뿌리겠소

10월의 시
악의 불행

온전한 부분은
불완전한 전체보다
크다
가장 단순한 행위도
완전한 통합 없이는
불가능하다
하나하나의 사고와 행위는
통합된 제각각의 완성된 형태다
그러므로
우리 인생 퍼즐 맞추기는
불완전할지라도
모두가 완전히
의미 있는 것이다
일꾼들의 상징
크로바에 붉은 꽃
흰 꽃들이
흐드러지게

피다
당신들의 작업복은
맑고 청량한 하늘을
닮았군요
모두가 출세
대로를 달릴 때
묵묵히
세상을 돕네
내가 욕망의 꽃이
되었을 때도
도와준 그들이
어찌 악의 화신인가?
붉은 열정이
사라져 갈 때
장구한 설명보다
짧고 은밀한 밀어로
청산이 되어준 친구 만나러 갑니다
자유에 대한 의지
인식과 행위의 주체는
나인가요?
내가 아니면

죄와 벌이 있을 수가 없어요
그래서
선을 가장한 권력의 질서보다
자유로운 악의 슬픔을
택하겠습니다
이타적인 사랑에는
신의 찬미가
불행한 욕망의 대가에는
권력의 처벌 대신
신의 의지였음을
밝혀주소서
욕망의 출구를
열어 주소서
어떤 존재도
고통에 노출되지 않도록
오로지 용서만 하소서
누가 용서하는가?
우리 전체가

세상 밖으로

완벽한 세상이다
걱정할 필요 없다
마음을 열고 행복을 추구하며
꿈을 가지고 크게 살자

감사

항상 쓸 만큼 넉넉한 돈이 생겨서 감사합니다
건강한 몸으로 산책할 수 있어 감사합니다
공부할 수 있는 지능이 있어 감사합니다
선을 행하고자 하는 의지가 있어 감사합니다
왠지 나를 걱정해 주는 분들이 있어 감사합니다
세상의 하늘 꽃 나무 아름다움이 있어 감사합니다

행복

신은 죽었다 외치는 인간
권력은 사라졌다
외치는 시민의 함성
신과 권력이 사라진
세상을 지배하는 건
Money
살아가고자 애쓰는 전쟁들
돈은 악이라
여기며
가난의 미학을
이어받은 자들은
멸시와 더러움의
고행으로
세상을 구원하고자
애쓰는
하늘의 종족
신들의 권력

민중의 자유마저
사라진
모두가 의미 없는
계층 상승을 위한
허무한 삶의 분투
지식의 축적도
기술의 발전도
예술의 아름다움도
자연의 미와
짝하는
문명의 아름다움일 뿐
거울의 환영
언제 가장 행복한가?
무에서 여유롭게
모든 걸 얻었을 때
신성과 절대 자유와
진정한 풍요로움과
환상 속의 신비로운 해탈을
느꼈을 때
내가 너무 욕심이 과한가?
소원 들어주세요

영원히 행복하도록
모두가 행복하도록
이젠 무엇을 위해
싸우는 데 지쳤어요
적당히 모든 것이 갖추어져 있고
저절로 모든 일이 해결된다고
착각하고 사는 것이
가장 행복하답니다
바보라도 행복하답니다

현실

천국은 마음의 행복이 있는 곳

무엇을 해도 기쁘죠

근데 이렇게 슬픈 이유는 뭘까요?

아무런 감정을 느끼지 못하던

그때가 그립습니다

무제

할 말 없어 가장 행복한 그때도
끊임없이 말할 것을 요구받고
말 많은 나는
온전치 못하다는 느낌으로
허무한데
말하는 습관이 되도록
교육받는 현실이 슬펐다
지금 내겐 아무도 없다
애인을 원한 대가로
가혹한 형벌이
가해졌기에
가족 없이
아무도 없이
혼자 견디어야 하는 고통
난 사랑하지 않는다
가족도 부모도
난 사랑할 남자가 필요하다

여자 말고
밤에 같이 팔베개하고
평생 부둥켜안고
사랑해 줄 남자
자식은 니 짝 찾아라
엄마는 저승길 준비하세요
그때까지 사랑해 드릴게
그 후에 난
정말 인생 헛산 느낌이
들것 같다
나만 짝 없이 봉사하는 삶은
죽어도 싫은데
처량한 홀어미 신세를
불쌍히 여기지 않는구나
어떤 여자는 멀쩡한 남편
버리고도 이 남자 저 남자
모두 끼고 살던데
난 엄마가 죽으면
덩실덩실 춤출 거다
한 마리 학처럼
날갯짓하며

긴 날개 출렁이는
춤출 거다
남이 보면 춤사위요
나한테는
한풀이다
애욕을 감추며
인내하고 살아온 한풀이다
그렇게 말 없어
행복했는데
모두 내가 틀렸다고 해서
최고의 탑도 무너뜨리고
교육도
내적인 성찰에서
행동으로 바꾸고
모든 문제는
매뉴얼대로 시키는 대로
하려고 애썼다
나는 신성을 간직한
나이고 싶은데
아직 전화 응대도
매뉴얼대로 못 하고

한 번씩 할 말 잃고
도취되는
꿈결 같은 아름다운 광경에
자유롭게 나는 학
여기저기 핀 꽃
조직에 적응 못 하는
그래서 모두에게 왕따 되는
나
사랑하는 그 아들은
목숨 부지하라고
실로 지은 과자를
선물했다
달콤한 그 과자를
먹으며 죽는 것도
나쁘지 않다는 생각이 든다
아직도 생각나는
그 사람이 이렇게 미운 건
미련이 있어서일까?
정말 강물이
하늘보다 파랬다
세상이 평가 없인

돌아가지 않나 보다
아직 마음이 아파요
엄마도 아파요
감정으로 호소했지만
조직의 일은
평가 빼면 시체란다
정말 강물이 눈이
시리도록 파랬다
난 말없이 온전해지고 싶다

의문

진리는 있는가?
최고의 진리는 무엇인가?
왜 사는가?
어떻게 사는가?
왜 가르치는가?
가르쳐야 하는가?
어떻게 가르치는가?
무엇을 가르치는가?

퍼즐의 완성

내가 세상을 인식하는 방법은
직관뿐이다
수많은 원칙과 이론은 참고만
사유의 힘을 가지고자
지식의 재조직이 직관이다
관념과 현상
그리고
인식방법
내적 자아 마음은
완벽한 재료들로부터
필요에 따라 부분적으로
조직한다
바깥세상도 완벽하고
마음도 완벽하고
인식방법도 완전하다
다만 표현된 결과들이 부분의 합일뿐
우리가 인식할 수 있는

모든 것은 완벽하게 구비되어 있다
깨달은 자들은 자유자재로
꺼내어 쓸 수 있다
그들이 창조자요 신들이며
권력자들이다
주체가 되고 절대자유를
행사한다
시간과 공간을 넘나드는 능력도
실제로 가능하다
그 무엇에도 구애되거나 제약받지
않는다
자신의 마음도 완벽히 통제하고 조절하며
마음의 의지대로
세상을 구현한다
모든 사상과 이념 종교를 초월한다
초월은 완벽한 자기 구현이다
현상계는 자신의 마음에 따라

나타난 실재
따라서 우리 모두는 창조주다
신이고 하늘이며 권능이며
깨달은 부처다
여기 수많은 초월자가
활동하는 공간이
메트로시티다
어떤 것도 자신의 것은 없다
원래 있던 것을 빌린 것일 뿐
자랑할 것도 없고
그때도 알았더라면 좋았을 것을
마음의 상상이 현실이 되는 세상
어차피 현실이 가상이면
그래서 일도 싫고 추한 것도 싫다
선의 개념들 아름다움이 가득 찬
의식 수준으로 가고 싶은데
반야의 공은
없어지지 않고 변화할 뿐
싫고 좋음도 없다
도대체 내 눈에 보이는 저들은
무엇인가? 진짜 허깨비인가?

경전공부나 더 해야겠다

지금 이곳은 완벽하게 구현된 세계라서

배우는 것만이 필요할 뿐이다

근데 내 눈에 슬퍼 보이는 존재들도

거짓인가? 진짜 불행한 건가?

내가 그렇게 생각해서 그런가?

나와 상관없나?

선을 행한다는 자체가 어리석음인가?

없는 현상에 마음 쓰고 있으니 마음이 괴롭다

아무 생각 없이 현실을 즐기는 것이

지혜로운 것인가?

보라

공능을 생각하면 중국이

자유와 사랑을 생각하면 미국이

기독교를 생각하면 서양이

불교 힌두교를 생각하면 동양이

마음에 따라 보이고 들리지 않는가?

아무 생각 없음이 해탈이고 열반?

계속해서 마음에 따라 끊임없이 변화한다

저들은 불보살?

내 마음을 알고 변하는 것인가?

내 마음 때문에 변하는가?
불가사의
내 의식 수준으로 알 수 없다
법계의 완전성에 들어가려면?
한 치의 오차도 없이 변화
명상으로 모든 상념을 없앤다
내가 생각하는 어떤 것도
경전을 뛰어넘을 수 없다
의식 수준이 낮아서
절대고독선명상으로
의식 수준을 높여야
경을 만들 수 있다
새로운 창조?
근데 서나 동이나 똑같다
일정한 패턴
날 돕는 불보살이 정효 윤영
어떤 공부도 필요 없이 체득할 수 있나 봐
특히 언어
공부 없이 뇌 속의 언어체계가 자유자재로
바뀌어서
이렇게 태어난 걸 어떡하나?

아무것도 안 하고 얻어도 돼
내가 기계를 혐오하는 것이 나쁜 건가?
기계를 혐오해서 초월하지 못하나?
왜 그들은 기계를?
난 마음으로 초월하고 싶다
아 여기가 대연이지?
대단한 도사들만 모여있지
수많은 상념에 정효는
똥지 멈춰라

Game over?

완전히 끝날 때까지
진짜 끝난 게 아니에요
난 사랑받고 있는 걸까요?
미움받고 있는 걸까요?
내 귀에 속삭이는 말들이
옳은가요? 그른가요?
결국 선택은 자신의
몫이에요
내가 신에 반기를 들었다고
미워한들
언젠간 또
상황이 바뀔 뿐이에요
욕망을 가진 자의
슬픔을 알기는 하는가요?
욕망조차도 변할 뿐인데
시비를 가리고
어떤 욕망엔 찬사를

또 다른 욕망엔 벌과 억압을
모두 환상일 뿐이라고 했죠
모든 욕망의 출구를 열어 둔다고
나쁠 건 없어요
결국 욕망도 변해갈 뿐이니
욕망은 어디서 나오나요?
같은 뿌리 아닌가요?
욕망의 완전한 사라짐도
부분이에요
주최할 수 없는 욕망의 괴로움을
벌하는 그들은
모르는 것뿐이에요
벌하는 그들도 같이 느낀다면
감히 타락이니 억압이니
할 수 있을까요?
같이 느껴야 돼요
아픔을 공유하도록
모든 욕망이 사라질지라도
현실 속에서

적폐청산

권력의 제일 마음에
안 드는 부분이
모든 것을 권력의 뜻대로
하려는 의도예요
불에 타 죽든 얼어 죽든
자기의 의지예요
아니면 모든 실패에 대해서
과거의 권력자가
고통받듯이
책임질 각오 하세요
너의 뜻이었으니
권력자는 항상 모두가
자신을 따라야 한다는
착각 속에 사는
존재들이에요
그래서 타인의
고통을 자신의 것처럼

느끼지 못하는
아주 잔인한 부류예요
악어처럼
물고 뜯고
싸우는 것만이
그들의 일이에요
정말 건설적인 방향으로
못 가나요?

인생의 의미

인생은
스스로 최고의 가치를
찾는 것
묻지 마세요
그 누구도 몰라요
세상의 가장 훌륭한 가치도
만든 사람의 가치일 뿐
당신의 것은 아니랍니다
스스로 찾아야 해요
다른 사람의 말에 주관 없이 솔깃
넘어가지 말아요
모두 같을 필요가 없어요
모두 다른 게 정상이에요
우린 온전하지만 부분적인 삶을
순간순간 살 뿐이에요
스스로 부딪치며 찾아야지요
남에게 배우려고 하지 마세요

삶에 뛰어들기 전의
준비운동이 너무 길어요
체계화된 가르침이 너무 답답하지
않아요?
인생의 가치를 스스로 찾을 수 있도록
삶 앞으로
빨리 내놉시다
가르치는 게 너무 길어요
교육과정이 10년으로 모두 마치면
어떨까요?
최고의 학부까지
교육과정을 줄이면 좋겠어요
준비운동이 너무 길어요
진짜 본격적인 운동도 하기 전에
지치겠어요
가르침은 짧으면 짧을수록
좋아요
참된 교육은 가르침을
최소로 줄이는 거예요
진정한 호기심에
스스로 배우도록
내버려 두세요

또 다른 천국

UN공원묘지는
너무도 평화롭다
잠든 영혼들 주위엔
활기찬 어린아이들의
숨결과 놀이가 있으니

생과 사가 둘이 아님을
증명하듯이

난 분노의 화신
그들은 왜 그리 착할까?
불평불만이 없어요

아주 작은 일에
고민하며 열심히 살아요

학교에서 문제 하나 더 맞고 틀리고

점수가 더 높고 낮고
시험에 붙고 떨어지고
일희일비하면서도
시험하는 신들에게
반란할 줄 몰라요
아주 당연하다는 듯
그저 열심히 살 뿐

내가 못됐다는 거 알아요
하지만 천성인걸요

자전거 몰고 풀밭으로
들어가는 아들딸
부모 부름에 돌아오면
만족하고

그들의 행복은 이거예요
아주 소박하고 단순하죠
욕심도 없고 위화감도 없어요

흰 거위 떼를 바라보며

먹이 주며 즐거워해요
비눗방울 날리며 뛰어놀아요
예쁜 꽃과 나무 보며 사진 찍어요

여유로운 타인이 좋은 자리에서
환상적인 불꽃놀이를 감탄하며
바라볼지라도
한쪽 귀퉁이에서 발뒤꿈치 들고
고개를 빼가며 일부분만 봐도
그저 볼 수 있음에 환호하고
감사하고 즐거워할 따름이에요
경찰들의 단속에도 잘 따르고
방송안내 시키는 대로
할 뿐이랍니다

경찰들도 바보같이 보여요
너무 착해 보여서 옷만 벗으면
시민과 다름없어요
붉은 지휘봉이 어디에 쓰는 줄
아무도 몰라요
그저 로봇같이 얌전히 서 있어요

생과 사가 함께 어우러진
UN공원엔 무덤이 보이지 않아요
먹이로 배부른 백설 같은
흰 거위 떼들
예쁜 아가들
다정한 노부부
사랑스러운 연인들
행복한 가족들이 보일 뿐이죠

국기도 나라도 보이지 않아요
형형색색의 국화로 꾸민 궁전과
추위를 아랑곳하지 않는
만개한 장미 마차
탐스러운 무궁화 화관
붉고 흰 연꽃 목걸이

그리고 멀리서도 보이는 찬란한 불꽃놀이
꽃과 호랑나비와 잠자리와 선량한 사람들
그들만의 평화로움

분수의 시원한 물줄기가
나를 미소 짓게 해요

불꽃놀이

세상에서
가장 아름다운
불꽃놀이는 모조리
구경할 거예요
맑디맑은 청산보다
요염한 불꽃놀이가
백배 천배 좋아요
서늘한 그늘보다
따뜻한 양지가
백배 천배 좋아요
다 타고난 재보다
활활 타오르는 불꽃이
삶을 이끌면 좋겠어요
너무 타서 더우면
그때 가서 생각해요

제일답

있는 그대로가 진리다
모든 현상은 환상이고 거짓이다
나와 너의 고통을 덜고
기쁘게 살아가기 위하여
생명의 환희로 충만하나
여여 담담한 본성에 주한다
인내하며 사랑하며 자비롭게
깨닫게 하라

답은 너 안에 있다

천국과 지옥

사랑하면 천국이고

미워하면 지옥이다

깨달으면 천국이고

모르면 지옥이다

나쁜

내가 가진 좋은 시는
다 없애버렸어
찌꺼기만 남긴 채
내가 감시받는 걸
모르나?
평범함을 거부한다
신이냐 권력이냐 왕이냐
신적인 존재에게 받은
가르침을 잊기 전에
새겨놓는데
알맹이를 돌려다오
어디다 감췄지?
잊지 말아야 하는데
난 평범하게 만드는 널
증오해
난 신에게로 초월로 향해
직진할 거다

천왕 천상계 해탈 선계
황제의 길
황후의 덕
사랑과 자비
극락왕생
불법 선법
천국
스타
천재
도
비범한 세계로
가고 싶다
현실을 잊고 싶다
신의 모습이 두렵다
공포스럽더라도
마주하며
엎드려 비굴하더라도
그 세계를 봐야겠다
집으로 가자
아미타불
평상심이 도라는 말
평범함이 지겹다

창조

제발 인간을
어떤 의도대로
훈련 감시 감독 교육 훈육하지
마세요
그 자체로 사랑해 주세요
모든 관찰자의 눈을 없애라
그것이 절대자유의 시작이며 끝이다
믿지 못할 불완전한 존재들을
왜 창조하였는가?
인간이 낳은 존재와 현실은
지키고 수호할 것을 의무 지우며
왜 신은 가없는 현실을 창조한 것에
책임지지 않는가?
창조한 그들은 왜
우리에게 짐을 떠맡기는가?
힘든 현실을 만들어 놓고
왜 우리에게 기어오르기를

강요하는가?
처음부터 완벽하게 창조 못 한
창조주의 책임이다
세계가 신들의 놀이터인가
내 의도가 아니었다고
책임전가하는가?
우리가 힘든 현실을 무너뜨리고
포기하듯이
너희도 세상을 무너뜨리고
새로이 창조할 것인가?
무자비한 전지전능이여
그리고도 자비로운 사랑의 신이라
이름할 수 있는가?
오 마이 가드
너희가 창조한 모든 존재가
무상의 완벽한 아름다운
세상에서
신과 구별 없이
최상의 존재가 되게 하라

미래

미래에 대한 내구상
현실에 대한 개혁이
곧 미래의 나다
현재 상상의 업력이
그 세계로 인도해
줄 것이다
오로지 전심전력으로
완벽한 세상을
구현한다
공능으로 신과 교감하며
현실을 초월한다
이것이 자리이타
현실의 모든 고통을
완벽히 제거
상상의 지고천에서
영생불사
안심입명

천상천하 홀로 존재
모든 현상은 거짓 가
완벽한 환상을
재현하고 누린다
노동의 무가치함을
역설하는 나에게
노동의 현실로
추락하도록 돕는 너
그 절대권력은 사라져야 한다

오 마이 가드
자신을 멸해야 갈 수 있는 집인가?
편히 잠들게 하소서
좀비

좀비로 가득한 지옥
아이러니하게도

내가 좀비가 아닐까?
열 번도 넘게 수술대에
올라갔다 깨어나고
선명한 칼자국이
몸에 나 있어도
내 몸은 완벽하게
회복한다
모든 세포가 자동으로
재생된다
깨닫고 느끼고 사유하고
현실을 비판하며 유추한다

인식의 주체가 나인가요?
내가 아니면
신의 성품도 닮을 수 없고
그저 로봇 같은
좀비에 불과하답니다

환상을 경험하는
현실을 지탱하는
인식의 주체가 나인가요?

슬프게도
내 기억과 다르게 작용하는
현실을 보았고
내 의도와 다르게
반응하는 내 몸을 보았다

신에게 기도하는 일만
남았는가?
신은 조종사에 불과한가?

현상계는 완벽한 과학이다
더 이상 개발할 가치도 없는
아이러니하게도

이러한 좀비 세상이
완벽한 천국이다

우리 모두는 좀비가 되어
타인을 위해 일한다

내가 잊지 말아야 할 것들

찬란한 금관
왕궁
불국정토
수레바퀴 같은 연꽃
연꽃 만발한 정원.

55층
웅장한 탑
12지신 위로
나르는 천마를
관망하고
찬란한 햇살이 반짝이는
궁전의 연못에서
두꺼비 한 마리
붉은 비단잉어 두 마리
만발한 백련을
바라보며 짓던 미소

선신들의
따뜻한 미소
부드러운 눈길

하늘을 나는 비천상들
부채 위에 수 놓인
늠름한 호랑이상
라자 색선백의
관음십장생
자유롭게 나는 학
폭포수같이
흐르는 강 물결
내가 잊지 말아야 할 것들

웅장한 기와지붕과 탑
하늘을 날며 나팔 불던 천사들
내가 잊지 말아야 할 것들

발길마다 피어나는 아름다운
꽃과 나무들
그리고

비상하는 아름다운 새들
범나비 노랑나비
내가 잊지 말아야 할 것들

난 싸움을 멈추기 위해
희생했네
천국과 극락을 동시에 본
대가라네

환상적인 사랑의 불꽃에
몸을 태워 없애고
노동의 현실에서
대승적 삶을 실천하며

내가 잊지 말아야 할 것들
극락과 천국의 그림들
사랑의 미와 자비로움
황도

황후장상의 씨가
따로 있는가?

술수 없음이

기교 없음이

순수본질 있는 그대로가

천기와 맞닿는다

백련

봉황대

기쁨의 환희

학의 춤

황후장상의 덕을

거짓으로

가리고

네가

날

사랑에 미친

가련한 여인으로

몰아간대도

진실은

그대로

있을 뿐이다

도

그 길이
불편하고
위험해도
얻어서
이로움이 있다면
갈 것이요

천둥번개처럼
요란한 기차 소리
이뭐꼬

나와 너가
부수어져
영묘한 진여
드러나면

끝없는 빛
한칼에 잘라
빛의 공간
속에
주하리라

아무것도 아닌 시

최고의 것을 인지하고 나면
아무리 좋은 것을 봐도
아무 느낌도 없다
아무렇지도 않다
그렇게 감흥 없는
아무것도 아닌 것을
보다가
불현듯
아무것도 아닌 것이
다시 소중해진다
쪽 맞추는
아들의 입맞춤
처음으로
볼이 아닌 입술이다
똥지는
내가 세상에서
가장 사랑하는 말이다

가장 신라적인 시

가장 신라적인
시들이
사라졌어요

백련
봉황대
등등

기독교의 사랑 방식으로
불교적 동양적 색채의
시들만 없앴군요

가장 신라적인 시가
소중하다

좋고 좋구나

천마외도도 좋고
불법도 좋다

현실도 좋고
이상도 좋다

진지함도 좋고
가벼움도 좋다

부자도 좋고
검소함도 좋다

혼자도 좋고
둘도 좋다

슬퍼도 좋고
즐거워도 좋다

늙어도 좋고
젊어도 좋다

삶도 좋고
죽음도 좋다

문명도 좋고
자연도 좋다

자아실현도 좋고
봉사도 좋다

유도 좋고
무도 좋다

모든 이분법이
다 좋다
좋고 좋구나

좋아도 좋고
싫어도
좋고 좋구나

개념파괴

외국인
나라 밖 지구 밖
세상 밖 우주 밖
존재

국가 민족 인종 없는
천계에서
남녀노소 우주만물
자유자재로
변화하며
천상락을 향유하고
근심걱정 없는
행복감을 느끼며
살아가는 비존재

진실을 가린
문을 열고

들어가는 자는
영원한 천국 극락의
집에서
모든 인연으로 인한
고통을 단절하고
기쁨 환희 절대자유만을
누리며
상하자유자재로
아름다운 공덕만을
쌓아간다

현실 속에
주하며
구원하는
보살 천사가 되어
중생을
공경하며

궁극의 집으로
갈 수 있도록 돕는다

현실의 고통은
깨달은 자에게는
아무것도 아니겠지

나는 언제쯤
천상계의 존재
비존재가 되어
행복해질 수 있을까?

모르고
아래에 머무는 것은
어리석은 겸손일 뿐

꼭대기에 가서
모두 알아가지고
다시 내려와
모든 존재를
공경하고 싶다

내 소원은 완벽히
깨달아서
지겹도록
천상락을 향유하다
평안한 열반에
드는 것이다

그런데
나는
나를 보지 못했다

거울 속의 나는
누구인가?

오감의 대상
찰나의 빛과 번개로
사라진다

나와 네가
무극의 상태로
돌아가면

끝일까?

천상락은커녕
내 성품도
보지 못했는데

어떻게
초월한단 말인가?

열반 해탈하기 전에
후회 없이
천상락을
누리고 싶다

부처 눈엔 부처가

모든 이를
부처님 성현처럼
받들어야겠다

그리고

아름다운 의식의 고양으로
해탈의 즐거움과 천상락을
누려야겠다

천상지옥도
꿈이요
빈부계층도
거짓이요

꿈 깨면
열반 해탈이다

어렴풋이 기억되는

시들이 모두 복구되길
바랍니다
황룡사
백련
봉황대
동궁원
미소
천사들
세계수

권력은
잔인하고
유지하기 위한
욕망으로
지식인에게
가혹하다네

내가 시 속에서
황제가 되었던
부처가 되었던
새로운 이상세계를
그렸던

모든 기계로
사상과 모반을
통제하며

평범함 속에
자신의 색을
분출하려는 노력을
감시한다는 것은

공산주의에
지나지 않아요

자유민주주의가
난 좋아요

하고 싶은 일 하고
가고 싶은 곳 가고
몸과 마음에
제약이 없어서
스트레스 없이
선함으로 충만하면
좋겠어요

전 가족을 위하여
자유와 평화를
반납했어요

사회생활은
자유롭지 못해요

시창작 예술혼과
사색의 미로
충만한 행복감을

느낄 때

누군가는 시기하는
마음으로
공장으로
갈 것을 종용했어요

감히 자신의 우수함과
타인의 무능함을
비교하며 우월감에
빠져도 될까요?

난 가족을 위해
수십 년간 희생했어요
직업과 노동으로
자아실현하는 것이
가능할까요?

타인에게 박수갈채
받는 이는
소수예요

팬이 되어
타 존재를 자신보다 더
사랑하는 그들이
더 대단해요

직업 속에
매몰되어 가는
자신의 가치를
찾아

행복한 희열을
잠시 느낀 것이
잘못인가요?

선신이여
타인의 행복을
진심으로
축원해 주세요

환상 속에
마음껏 비상한

내 모든 시를

돌려주세요

미래에 간 부처

생각을 비우고 고요히
혼자 머물 때
제일 행복하다

사랑하고 자유를
느낄 때
제일 행복하다

선한 존재들이
가득할 때
제일 행복하다

미래의 부처는
진제와 세속제
어떤 가르침을
설파할까?

있는 그대로가
진리

모든 현상은
환상

이를 초월하는
초공진을 펴라.

초공진도
준비된 결과일까?

방황과 고독으로
고뇌하는
젊은이의 숙제인가?

인식 없는 열반을

초월하는
새로운
금강의 진리가

새로운 탑을
장식하리라

어떤 상황에
어떤 일이
나타나면

그건
그 상황에
최적화된
좋은 일이야

그래서
모든 게
좋아 보이고
행복감이 충만해

가만히 있으면
최소한
중간은 간다

천계의 존재들은
내가 선을
행할 때마다
맑고 흰 피부의
황홀한 모습으로
나타난다네

꽃과 나무 새
오묘한 향기
환상적인 건물들이
저절로
솟아난다네

항상 미소지으며
웃어요

미래의 일의

가치는?

남에게 봉사하는
궂은일이 최고?
절차탁마하는
자아실현이 최고?
모두가 환상이면
일없음이 최고?

선신이여
창조주여

당신들이 창조한
아름다운 세상을
끝까지 보호해 주소서

세상의 모든 존재가
행복하도록

나의 주어진 일에서
세상을 사랑하며

살겠습니다

천사와 불보살 같은
천진난만한 아이들과
미래를
꿈꾸며
봉사하며 살고 싶어요

깨달음

도와 사랑은
양립할 수가 없다
물과 불처럼

큰 도는
애욕을 청수에 담아
번뇌티끌 하나 없이
씻어버리고

불타는 마음에
모든 욕망이
시작되니

불의 사랑은
맑은 마음과
함께
할 수가 없다

큰 도로서
세상을 받치는
자는

무릇
애욕의 씨를
말려버려야 한다

도와 사랑의 길을
택함에는
마음의 자유가
허락되나

함께 하면
어느 것도
이루지 못한다

전쟁

완전한 사랑과
완성된 도

그들의 전쟁은
언제
끝날 것인가?

승리의 수신호
V

천마외도가
최석우를
무릎 꿇여
앉힐 때

최고의 진리는
있어도
비바람을 막아줄
우산은 없었다

용화전
대웅전
법당에서

기와지붕이
뜯기어 나가고
지키는 수장
썩어가는 몸에
인욕 하는
광경을 보고도
청산의 무너짐을
알지 못했다

허망한 욕망으로
허망한 세상을
이끌려는 자
승리의 수신호도

허망할 뿐이요

인욕의 수행으로
진리를 수호하는
자
천하대지가
받들 것이다

동전의 양면

스마트하게
깊은 사고를
해야지
번뇌와 깨달음이
둘이 아니요
번뇌가 있으니
깨달음이 있고
번뇌 없는 깨달음
뇌화부동

희망

아무도
미워하지 않고
사랑하며 웃으며
도우며 살아야지
그래 살아야지
얼마나 행복한 인생인데
남부럽지 않게
부유해
난 부자야
더 좋은 곳에서
여행하고
아이들과 즐겁게 공부하고
가르치고
배우고 싶은 거 원 없이 배우고
악기도 멋지게 연주하고
노래도 아름답게 부르고
사랑하면 아름다워지고

너도나도 행복하지
뜨거운 가슴으로
살아야지
아름답고 희망적인
생각들로
가슴이 뛰게
만들어야지
오 마이 가드
도와주소서
행복해지고 싶어요

구제

그의 허물로
내 허물이 덮여지니
자신의 허물로
중생을 구원하는
보살이구나
죄업이 클수록
타인의 죄까지
짊어지는
보살 성중이니
부처 중생이
따로 없다

꿈

현실을 초월하려는
의지를 가지고
현재를 가장
안정적으로
살아가는 방법을
가르치는 것
모순

꿈꾸면서 꿈 깨기를
바라는 건 모순

꿈꾸면서 꿈꾸는 현실도
모순

현재의 찰나 속에
정주할 때

이 행복함은 뭘까?

정지한 시간 속에
청춘을 살고

정지한 공간 속에
빛처럼 살고

상향의 천계로
수평의 평등으로

행복한 현실 속에
끝없이 변하는
아름다운 꿈

깨지 말아야지
꿈깨면 열반이다

아름다운 꿈이
너무 좋아서

교단에서 1

교사들
학교 활동에서
제일 중요한 게
교육 과정
교육 활동이다
난 그것만 하고 싶다

제발 잡무시간
줄이고
교재 연구할
시간만 달라

비효율적인 일로
시간을 낭비하게 하지 말라
쓸데없는 공문
군기 잡는 행동강령
단순 업무

형식적인 서류 없애달라

따사로운 햇살 같은
창의성 넘치는 교육 활동 시간을
어둡게 하지 말라

어떻게 즐겁게
가르칠 것인가만
생각하고 싶다

왜 너희들은
날 괴롭히는가
지렁이도 밟으면
꿈틀대는데

내가 창의성 넘치는
교육 활동에

집중하도록
방해하지 말라

아이들과 한 몸이 되어
생기발랄한 교육 활동을
하게 해 주세요

쓸데없는 일로
날 부리지 말라
난 창의성 넘치는
훌륭한 교사가 될 것이다

교단에서 2

일
즐겁게 도우며
배우고 익히는
교육 활동

매일 즐겁게
배우는 학습
즐거운 놀이가
가득한 학습

교재 연구를
위한 시간만
가득하고
잡무는 사라지고

즐거운 학습 활동을 위하여
교재 연구

자료 수집할
시간만 주세요

특히 교사들
보복성 괴롭힘을
막아주세요

교육의 권위로
거짓 숨긴
무언의 폭력을
없애주세요

저를 돕는 선신들이여
교재 연구와 교육 활동만
할 수 있도록
시간을 충분히 늘려주세요

쓸데없는 일에
시간을 낭비하지 않도록
도와주소서

에너지가 넘치도록
사랑할 시간만 주소서

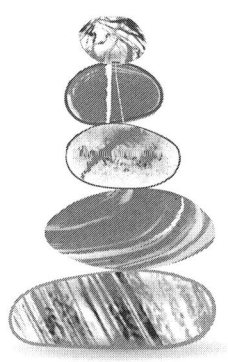

공삼매

주는 이도 없고
받는 이도 없다
주는 것도 없고
받는 것도 없다

이래도 되고
저래도 된다

평안한 마음
아무것도 아니다

시를 잊은 그대에게

한 몸이 청정하면
시방세계가
청정해진다

한 몸이 자애로우면
시방세계가
너그러워진다

한 몸이 자유로우면
시방세계가
아름다워진다

오직 자신을
맑혀서
시방세계에
이익되게 하라

올인

어떤 한 사람이
나만 바라보며
사랑해 주면
좋겠다
조건 없는
이유 없는
사랑
아주
오래전부터
그래왔던 것
처럼
어떤 이에게도
눈길 한번
주지 말고
최고의 능력자
내가 불완전한
까닭은

완벽한 세상을
아름답게
만들기 위해서
불완전한
너와 나가 만나
충만해지고
사랑의
기본조건은
올인
하는 사랑에만
답하리라

깨달음 3

대전제

생각하는 것
조차도
내가
아닐 수
있다.

깨달음 2

직관의 진리
금강경의
깊은 뜻을
데카르트
성찰로
논증하다.

이치

이뭐꼬
그거다

깨달음 1

현상계와
공성을 포함하는
여래장성
있는 그대로가 진실이며
불가사의하다면
현현하는
현상계에
오직
사랑과 자비와
어진
마음으로
집착 분별없이
대하는 것이
최상의 도다

권력

봉황대
세계수
황룡사탑
백련
하늘
카니발

최고의 정신을 상징하는 시들만
빼고
복원됐다는 것이
내가 보이지 않는
권력의 통제를
감시를 받고 있다는
증거다

마치 내가 민중의
자유를 대변하는

자유의 여신인 것처럼

이마에 천지인의
주름이 있는 그들은
신인가?

증강현실 가상현실이
우주의 작동원리인가
우리의 마음이
주파수대로
움직인다면

행복

사건 일 존재 행위로부터
벗어나니까
너무 좋다.

우주의 신비

환상적인 오르가즘
모든 차크라를 열다

원융무애한
무한대의 자성

완전한 깨달음

모든 것을
이는 자는
딱 두부류다
하수인이거나
세상에서
격리되거나

화두

있던 물건이 안 보이면 있는 것인가 없는 것인가?

목표

통제권으로부터
벗어나서
절대자유를 얻는 것
뿐이다.

인식

바다를 완전히 뒤바꾸는
깨달음도
파도에 불과하다
잠잠해지면
바다와 같으니
pure calm
마음으로 시작하고
마음으로 종결짓는다.

내 소원

가장 높은 존재
황상
고귀한 사랑
최고로
아낌없이
유일하게
나에게만
향하고
무수한겁
백년회로
일심으로
관통하는
최고의 진리
득도
자유자재
현묘한 도
신통방통

부리며
우주만물의
아름다운 덕을
누리고
꽃피운다.
내 짝 꼭 찾기

over 초월

물질계- 과학 자연과학
현상계- 언어 사회과학 마음
영혼계- 종교학
초월체- 신
정신체- 집단무의식 데이타베이스 마음
공체- 할 절 심폐

영혼계의 체 이
현상계 물질계의 용 기

진공묘유의 영역

미래엔 모든 존재가 탑
위에서 진리 조망 통찰 후
하생
무계층
윤회의 바퀴를 굴리는 자는

누구?

업력?

제일의제?

진공묘유?

신세계?

존재론-be or not

인식론-who am I

가치론-how

권력-보안 기밀 통제 일

신이 심판

신을 심판

혁신은 위에서부터

새로운 진리로

하늘통합

우주통합

깨달음이 극점에 이르면
광명의 봄이다.

사랑과 진리

가장 드높은
진리
순수한
사랑

근원을
캐는 의문
사랑에 대한
욕구
모두 완성하게 하소서

내가 원하는
짝을 찾아
사랑의 합일을
영원토록
이루게 하소서

단순한 호기심은
아니었겠죠?
그러기엔
이 고통이 너무나
큽니다.

시간이 끝날 때까지
사랑을 찾겠습니다.
대승보살처럼
위해주는
선량한 존재를
만나게 해주소서
복잡한 욕구의
소용돌이가
없다면
허공에서 불현듯
나타나는 허무한 존재나

감정 없는 기계나
다를 바 없지

말할 바가 아니라는 것은 알지만
사라져버릴
무의식의 환영이란 것은 알지만

다들
도에 자재하고
사랑에 자유롭듯이

나도 그렇게 되겠습니다.

황제의
청정하고 고귀한 소유나
하나 된 도로
여실하게 나아감이나
다를 바가 없습니다.

우리는 연극 같은
인생을 살고

모두가 꿈과 같다면

한바탕 멋지게
살다 가게
방해 말고
도와만 주오

소원

이 세상에서 가장
아름다운 여인이 되어
천황의 사랑을 받으며
만백년 함께하고
천상계의 지극한 복락을 누리다
열반에 들고 싶습니다
오 부처님 하느님
모든 게 환상이라도
몸의 고통은 느끼고
불국정토에 동행하던 어린 딸이
건장한 아들이 되어 어미를 때리고
언어가 막히고
육체가 살아서 움직이고
잘리어도
무감각 했던 과거여
나는 없었던가?
육체적 정신적 고통

사방팔방 뛰는
현재의 생각들은
현실의 때인가?
진실로 나 없음이
답인가?
이를 초월하는 탑을
세우겠습니다
오직 담담한 맑은 마음으로
한마음
우주시공
평화롭고 행복하면
좋겠습니다
학교에 있으나
존재하는 시공이
천상계면
좋겠습니다

인연

아들은 최고의 사랑을
원하는 여인

최고의 의식수준
황후가 되고
황제가 되고
신이 되었던
흔적들을
말끔히 없애버리고
사랑하는 어미를
질투하며

자신이 되기를
바라는
잔인한 여인

오직 무로서

관하며

용서하리라

권력과의 전쟁

권력을 사용하는
존재들이 있는한
없애기위한
내 권력도 정당하다
법치주의

법을 모르는 민중 편에
서서 손을 들어준
권력이 있던가?
법은 권력을 가진 자의
것이고
정의는 없다
약육강식의 세상
법치주의로
이상실현은
가능한가?
법 모르는 자가

가장 행복하고
법을 이용하는 자가
중간이고
법에 목숨 거는 자는
파멸이다
상호존중과 따뜻한 배려
이것이 필요하다
신성한 학교 내의
모든 권력을
궤멸시키고야 말겠다
모든 존재의 상호존중으로
평등한 세상을
만들겠다
전쟁이 시작되었다
아이들의 천국
권력구조 타파
어떻게?
궁금하지?
권력은
권력으로
없앨 수 없다

루시퍼와의 대화

당신께서 극존칭
하늘에선 천마외도와
땅에선 루시퍼와
아수라의 전쟁터가
무색하다
극강의 평화 평안 속의
전쟁
루시퍼와의 대담

부처님 오신 날

새로운 탑을
쌓는다
아니
만든다
아니
짓는다
아니
드러난다
북핵은
가고
남쪽의 해

가족 2

우리 엄마는
저보다 바닥이에요
저는 님자 소리 듣고
살았지만
우리 엄마는
청소 환자들 똥기저귀
갈아주며 번 돈으로
딸이 학교 그만두고
싶을 때마다
장롱 사주고
침대 사주고
김치냉장고 사주고
딸 대신
윗사람들에게
고개 숙이고 굽실대며
딸이 계속 님자 소리 듣도록
그러면서 제게 소리칩니다

다 좋은 분들이니
그저 니가 참아라
그러면서 제게 소리칩니다
사자 붙은 인간들이
힘들다 소리 하면 쓰나
더 고생하는 사람들이 천지인데
투석하는 멍든 팔로
화장실 청소하지 말라는 대도
계속 구석구석
청소만 합니다
엄마가 스타처럼 차려입고
스포트라이트 받는
아름다운 여인이면
좋겠습니다
아들은 사춘기 아들은
엄마 학교 가면
교장이 짱이다
말 잘 들어야 한다
그리고 전화할 때마다
내가 직업에 잘려서
힘들어 질까봐

노심초사하며
무조건 죄송하다고
물의 일으켜서 반성한다고
말해라고 가르칩니다
학교에서 그렇게 배웠나 봅니다
어린아들이 불쌍합니다
그 아이는 세상 밖으로
자유롭게 날아갈 수 있을까요?
탈선이 아닌
궁극적 세상 안으로
갈 수 있겠죠?
내가 가고 싶은 세상으로
함께 갈 수 있을까요?
딸은 용돈 번다고
일찌감치
그릇 치우고
설거지하는
일한다고
올블랙으로 입고
헤실거리며
욕심도 없이

인사하고 나간다고
잔소리도 안 합니다
내 엄마가 태후고
내가 황후고
내 아들이 황제고
내 딸이 공주면
좋겠습니다
위에서 내려다보며
밑에서 올려가려는 이들을
저울질하며
자르거나
벌주거나
괴롭히는
그들을
벌하여서
우리 가족이 하는
똑같은 일을
평생 시키고 싶어요

학교

학교가 직업교육의
장으로
그 목적으로
탄생되었다는
비밀을
모르는 사람은
아무도 없습니다
우리는 그렇게
세 살 버릇 여든까지 간다는
속담에 속아
자유를 구속하며
말 잘듣는
양의 교육을
실천합니다
종교는 얼마나
권력과 가까운가요?
로열 임페리얼 패밀리들이

신의 계시로 탄생한 자들이라며
권력을 부여하고
천지창조의 질서를
부여한 신들도
자유라는 이름으로
누리는 우리 인간의
행복을 진심으로
기뻐하지 않는 것 같습니다
가치있고
창의성이 발휘되는 일은
그렇게 위에서부터
독식하고
우리 남은 인간들은
단순 노동의 노예가 되어
남을 위한 일만
평생하다가 죽어갑니다
하느님 부처님

제 소원 들어주세요
지장보살은
지옥 중생 구제하러
지옥으로 들어가신다고
들었습니다
저는 지금 화려한 금관
화려한 궁전이 안에
있습니다
의식주가 더없이 풍족하고
일없어 마음의
여유로움으로
마음에 기쁨이
용솟음칩니다
저는 감사합니다
시원한 미풍이
옷깃을 스치고
감로수 같은 목욕물에
몸만 잠구어도
환희로움으로
"감사합니다"라는
감탄사가 절로 나옵니다

몇만 원만 있으면
마음에 드는 옷
원없이 입을 수
있습니다
나는 행복합니다
그런데 그 행복 뒤에
대승처럼 남을 위해
헌신하는
자들의 노력이
있다는 것을
잊지 않겠습니다
나도 무지 속에
내 일이 남에게
도움이 되겠거니
착각하며
살아왔습니다
나는 내 행복을
감사해야 될까요?
부끄러워 해야 될까요?
높으나 낮으나
일을 해야 하고

신이나 인간이나 부처님이나
일을 해야 하나요?
힘든 일하는 그들을
볼 수가 없습니다
힘들어도 남을 위한
봉사로 얼굴에 기쁨이
가득한 그들을 보면
왜 그리 아름답게 보일까요?
공양거리와 놀거리와
아름다운 볼거리 들을거리를
즐거운 마음으로
타인에게 제공하는
그들에게 당연히 고마운
마음이 들지요
그래서 내가 행복하니까요
더럽고 남들이 하기 싫은 힘든
노동을 하는 그들이
신들의 위신력으로
모두 저와 같은 기쁨만을
누릴 수 있도록
신들의 위신력으로

그들의 힘든 노동만은
없애주세요
이 세상엔 아름답고
남을 위한 좋은 일들만
가득하고
모두가 하기 싫어하는
힘든 노동은 없애면 안 될까요?

미풍

월정교가
완성되었다
이 어찌 기쁘지
않겠는가?
내년엔
나도
경주가서
복원된 다리를
건너볼까 한다
다보탑 석가탑이
복원되고
동궁원과 반월성이
옛 웅장함을 되찾고
아직도 왕족의
후예라고 자부하는 이들이
신라 임금 머리 깎는 날
나만 함께 못 하도록

막아놨던
그 옛날의 화려함을
같이 누리고자 한다
극락왕생하소서

자본주의

필요 없는 일도
만들어서 하고
안 해도 되는 일도
만들어서 해야
세상 사는 이치에
맞다고
하지 마시오
성과를 위해서
일을 해야
많이 했다고
말하지 마시오
그렇게 일 많이 한
사람들
그렇게 병원에서
일 만들어주고
병원에서 죽습니다
우리는 일을 위해

끊임없이 소비하고
활동하고
새로운 일을 위해
지나간 일들의
쓰레기들을
치우며
열심히 살아 갑니까?

고통이 신자를 만들지
쓸데없어도
세상의 질서를 위해
다른 존재의
자유를 빼앗은 자들이
해외여행은 잘도
다닙디다
사회구조 안에서
다른 존재의 자유를

많이 뺏을수록
높은 위치에
경제력으로
해외여행은
잘도 다닙디다
아니면 그녀들이
황제의 비라도
된답니까?
내 눈엔
일 열심히 한다는
허울 쓰고
어린아이들의
자유를 뺏은 거뿐인데
황제의 비위 잘 맞추고
시시덕거리며
잘 놀아난답니까?

가족

나는 내 아들을
내 어미를
내 동생들을
사랑하지 않습니다
내가 가장 힘들 때
의지할 곳도
내 편이 되어준
이들도
아니었습니다
돈 주고 사서
내 편 만드는
변호사가 가족보다
낫겠습니다
보이지 않는 권력을 없애고
일하지 않는 천국 같은 세상에
모두 가길 희망합니다
나는 현장에서 바닥에서

최선을 다하며 정신없이
살았습니다
그런 나를 지켜보고 관찰하는
교장 교감 학부모 교육청 관리들의 눈을
없애버리고 싶습니다
나에게 하극상이라며 고개 숙일 것을
요구하는 교감을 미워하는 게 잘못됐나요?
나는 아이들에게 반갑게 인사하면 전부예요
때 묻은 어른들은 필요 없어요
난 보이지 않는 권력과 선함과 자비를 동시에
보았습니다
아이들을 사랑했습니다
그게 전부였어요
그들을 억압과 권위에 복종하는 기계가
되지 않도록 가르치는 게 제 임무였습니다
이제 시작입니다
권력보다 총칼보다
펜의 힘이 강하다는 것을
보여주고 싶어요
학교라는 공간은
교권과 관리자 학부모의 권리가

복잡하게 상충하거나
충돌하는 공간이었습니다
그 중심에 어른들이 아닌
순진무구한 아이들을
중심에 중간에 안에
두고 싶었어요
그들을 삼자로부터
해방시키고 싶었어요
사회제도 밖으로 나가지 못하도록 가두어 놓는
공간이 아닌
상상하는 대로
이루어지는 꿈의 공간이 되도록
난 싸웠습니다
지금 모든 게 변화할 뿐이고
아이도 어른도 없다는
허무주의에 안착하여
마음을 편히 가지고 싶습니다
왜냐면 싸우는 데 지쳤으니까요
나도 개인적 욕망을 가진 존재일
뿐일까요?
직업교육 사회교육을 부정하게 되는

이유는 뭘까요?
깊은 심체로 들어가 공의 기운을 체득하고
싶은 욕망도 욕심입니까?
내가 그들에게 고개 숙이도록
아들과 어미와 동생이
모든 삼자가
강요했습니다
그런데 모든 짐은
내가 가지고 있습니다
부양가족에 대한
교육개혁에 대한
세상을 천국으로 극락으로
변화시키는 데 대한
짐이 무겁습니다
내려놓으라고 하네요
그들에게 고개 숙이고
욕망을 맘껏 누리라고
유혹합니다
아름다운 천녀보다 더 강한
유혹입니다

근원

모른다는 것을 아는데
말할 수 없다
깊고 깊은 근원으로
들어가라
모든 삿됨을 여의고
쉬고 쉬어라
죽었다가 깨어나도
모른다는 것만
알아라

쾌락

육체적 즐거움
정신적 즐거움

끝에서
터져 나오는
감탄사
아
아
아
하나의 합일의 극점
찬란한 핑크빛
합환수

백련의 청초함이
붉게 붉게
물들어
만발한

붉디붉은 홍련화

쾌락의 절정
황금빛 연꽃

백련의 꽃봉오리가
발그레 물들다

아
아
아

터져 나오는 분수
닫혔던 감각의
터져 나오는 탄성

흑잠자리

밤의 네온사인
흑바탕에 수놓은
오색빛깔 영롱한 반짝임
감추어진 차분함 위
열정적인 움직임
정열의 붉은 잠자리
가세하고
아름다움에 취해
또다시
감탄사를 연발한다

우아한 흰 새의
비상 주행을
보았는가?
짝지은 청둥오리
가는 곳마다
따라다닌다

폭포수 같이
흐르는 강의 물줄기
고여있던

정신의 피폐함을
씻겨주고
요동치는 물거품
새로운
에너지를
발산한다

어여쁜 두 아이
싱싱한 살결은
홀아비의 근심을
잊게 만드는구나
사랑의 아픔이 식기도 전에
흘깃거리는
양산 든 원피스 여인

Creative or die

법을 설하소서
법을 설하소서
둥글게 걷는 명상
원각의 깨우침
시작도 끝도 없다
나고 옴도 없다
죽음도 태어남도 열반도
없다
무시이래로
아득한 겁부터
윤회의 수레바퀴로
중생인연
제도받고
제도하며
환상 속의 꿈
법계의 완전성에
들어 있을 뿐

무색계를 보여주세요

그래

없앨 수 있다

환

적멸

최고의 질문?

Who am i ?

Where am i ?

Be or not?